W0395983

DOMINIQUE RESCH ÉRIC DOXAT

LE PLUS BEAU MÉTIER DU MONDE

Chroniques d'un prof des quartiers

Préface
d'Olivier Nakache et Éric Toledano

Vuibert

Merci à Nicole, Lola et Lucas pour leur soutien, Jean-Michel Zérillo pour ses éclairages toujours pertinents, Nicolas Sabatié pour son altruisme, Olivier Nakache et Éric Toledano pour leur regard chaleureux et mes collègues pour leur énergie et leur bienveillance envers les élèves.

Dominique

Merci à Marion et à Dominique de m'avoir supporté et choisi pour faire exister ce premier roman graphique, à mes filles chéries, Emma et Fanny, d'avoir soutenu leur papa, ainsi qu'à toute ma famille.

Éric

Merci, enfin, à Jean-François Rey pour son efficacité et tout particulièrement à Marion Chatizel, notre éditrice, pour sa perspicacité et sa patience infinie face à nos égarements...

Dominique et Éric

Texte © Dominique Resch, 2023
Dessin © Éric Doxat, 2023
Tous droits réservés

Lettrage et mise en page : Jean-François Rey
Relecture : Florence Coquet

ISBN : 978-2-311-15020-9

© Vuibert, août 2023
5, allée de la 2e D.-B.
75015 Paris

www.vuibert.fr

PRÉFACE

Il y a plus d'une dizaine d'années, nous découvrons par hasard un livre intitulé *Mots de tête* : coup de cœur immédiat ! La vie quotidienne de Dominique Resch, professeur dans les quartiers nord de Marseille, nous a tout de suite passionnés.

Son regard juste, tendre et surtout très drôle se révèle d'ouvrage en ouvrage, de trimestre en trimestre, jusqu'à cette BD qui offre une nouvelle fois l'occasion de se plonger avec bonheur dans l'univers de ce bahut si haut en couleur.

Rien de mieux que la plume vive et sensible de Dominique, qui œuvre au quotidien dans ces zones que l'on dit elles aussi « sensibles », pour nous donner le véritable pouls de notre société via cette jeunesse de quartier.

Très bonne lecture à vous.

Olivier Nakache & Éric Toledano,
réalisateurs des films *Intouchables* (2011),
Le Sens de la fête (2017), *Hors normes*
(2019), *Une année difficile* (2023)…

INTRODUCTION

Un accident. Un accident de la route. Je suis là, au volant, et je perds patience depuis vingt minutes. Les gens ont l'air sain et sauf, la voie semble dégagée… Alors qu'est-ce qu'on attend pour passer ???

C'est que j'ai des élèves sur le feu, moi ! Ils sont là-bas, dans le couloir, et ils se demandent pourquoi leur prof n'est pas encore arrivé. Je les imagine bien : Shirin et Lanciné sont un peu inquiets, mais certains commencent à se réjouir. J'entends des voix. Celle de Dylan, en particulier : « À mon avis, Resch, il est absent ! On devrait tous se tirer. » Je ne suis pas absent, Dylan, je suis en retard… Et je vois très bien que cet accident n'est pas dramatique ! Honnêtement, il y a la place pour faire passer un CAMION, alors s'il vous plaît, monsieur l'agent, faites quelque chose pour débloquer la situation parce que mes élèves ne vont pas attendre cent sept ans, comme ça, sans bouger.

Bon, ne me voyant pas, ils se sont sans doute installés dans ma salle de classe que j'oublie toujours de fermer à clé. Fatia et Melvil doivent proposer d'aller se renseigner auprès de Fouzia, la CPE, pour savoir si je suis absent ou simplement en retard. Mais Dylan les arrête dans leur élan : « Faites pas ça ! Vous allez nous faire remarquer ! » La tension grimpe d'un cran. Un collègue est obligé de laisser ses élèves sans surveillance pour tenter de calmer les miens.

Nouvelle apparition : j'imagine une bagarre. Est-ce la panique, là, maintenant ? Va savoir ! Une ambulance, des pompiers, et des « condés » partout. Prof dans les quartiers nord de Marseille depuis trente ans, j'ai l'habitude d'entendre dire qu'ici les problèmes finissent toujours par se régler à coups de kalachnikov.

Et cet embouteillage monstre qui dure… qui dure…

Huit heures et quart. J'arrive enfin au bahut. Du parking, je vois mes élèves. Ils m'interpellent depuis les fenêtres de ma salle. Jolie brochette qui prend tranquillement le soleil. « Vous inquiétez pas, m'sieur… On n'a pas voulu commencer le cours sans vous ! »

J'adore ce métier. C'est le plus beau du monde. Même quand Dylan m'en veut de faire les choses à moitié : être seulement en retard et pas complètement absent.

Ce moment, qui prête à sourire, figure parmi des centaines d'autres, émaillant chacune de mes années dans ce lycée réputé « difficile ».

Je dédie cette BD à tous mes chers élèves, qui ne m'ont jamais déçu.

Dominique Resch

LE TOUR DU PROPRIÉTAIRE

POMPONNETTE

DÉFILÉ

Je n'ai rien à me mettre ou quoi ?...
C'est important la tenue qu'on porte le premier jour, ça dit qui on est.
Trop jeune.
Trop vieux.
Trop fantaisiste.
Trop démago.
Parfait ! Cool sans trop en faire.
Sérieux sans être guindé. Un brin classe. Victime de la mode, quoi !

1er TRIMESTRE

Hello Fouzia ! Alors, ces vacances ?
Bonjour Dominique ! Super, merci !
Pendant que je te tiens, voilà les trombinoscopes de tes nouveaux élèves. Nous avons déjà quelques primo-arrivants.
Au fait, c'est quoi cette cage à l'entrée ?
Portique de sécurité imposé par le rectorat ! Mieux vaut ne pas s'y aventurer, si tu veux un conseil !
Bonjour m'sieur !
Bonjour les jeunes !!!
Bonjour m'sieur !

Farès ABBAS
Abdel AL-FASSIH
Romain AMAT
Enzo CHIFFAU
Tonio DA SILVA
Moussa DIAKITÉ
Diénaba FAYE
Karim GALLO
Salim HABIBI
Donovan HADOU
Charlotte LANTIER
Nina LECANU
Olivier MARCHETTI
Djibril MBENGUE
Kenji MORENO
Thomas NARCE
Dylan RAVEL
Lanciné SANGARÉ
Steeve SAVI
Pedro SERRA

Dimitri ANDREÏ
Fatia AOUISSI
Aurélien BELLON
Bilal BRAHIMI
Amélie COLBERT
Hugo CORTES
Sofiane DAOUD
Thierno DIALLO
Syrina GANDIT
Malik MAJRI
Alexandre MENDY
Arthur MOULIN
Mamadou NIANG
Lyam OGBU
Zélie PERRIN
Yanis RAJAB
Melvil ROUBAUD
Shirin SAMAAN
Eduardo SARFATI
Sellou YATABARÉ

Écoutez, si vous ne connaissez pas votre groupe sanguin, ce n'est pas grave. vous compléterez votre carnet de correspondance ce soir, à la maison.
Mais il va être faux si on met n'importe quoi.
Je ne vous dis pas d'écrire n'importe quoi. Je vous dis d'attendre ce soir. Vous demanderez à vos parents.
Et si nos parents savent pas ?
Eh bien, vous verrez ça plus tard. Vous demanderez à votre médecin. Bon ! On ne va pas y passer la nuit...
M'sieur !
Oui, Abdel ?
On met quoi à groupe sanguin ?
Je viens de dire à ton camarade que...
C'est pas mon camarade. Je le connais pas.
OK, ce n'est pas ton camarade. Mais ce n'est pas la question. Je viens juste de dire que ce n'est pas grave si cette case n'est pas remplie.
Ah bon ?
Oui. Il faut écouter quand je parle. Donc, si vous ne savez pas remplir la case "groupe sanguin", je répète : tant pis, ce n'est rien !
Salim, Thomas, vous faites quoi vous deux ?
Je lui explique ce que c'est, le groupe sanguin. Mais il connaît pas.

BON, ÉCOUTEZ TOUS ! VOUS M'ÉCOUTEZ, OUI OU NON ?
Oui, m'sieur !
Oui, m'sieur !
Oui, m'sieur !
BIEN ! VOUS NE REMPLISSEZ PAS CETTE CASE ! C'EST COMPRIS ?
OH ! C'EST PAS LA PEINE DE CRIER POUR ÇA ! MOI, JE LE CONNAIS, MON GROUPE SANGUIN.
Bon, alors... D'abord, tu vas me parler sur un autre ton. Et ensuite, je ne crie pas, j'explique. Toi, si tu le connais, ton groupe, tu peux le marquer.
Mon groupe ?
Sanguin.
M'sieur !
Oui ?
Là, j'ai pas rempli, hein... Comme vous avez dit que...
Oui, oui, c'est bon, on ne va pas revenir là-dessus.
Bien ! On passe à la suite. Cette case, remplie ou pas, ce n'est pas un souci.
Oui !
OK, m'sieur !
D'accord !
D'accord, m'sieur !
FICHE DE RENSEIGNEM
NOM : HADOU PRÉNOM : Donovan
DATE DE NAISSANCE : 17/03/2005
ADRESSE : 11 rue Louis Aragon 130
UPE SANGUIN : J'ai le sang chaud
SSION DU PÈRE : ——

ÇA Y EST! J'SUIS PLUS PUCEAU!
Enfin, Karim! Un peu de tenue! Tu te crois où?
M'sieur, je me crois en classe devant tous ceux qui se moquaient de moi parce que je l'avais jamais fait!
Bon... Allez, assieds-toi!

Au fait, ça me fait penser : le mois prochain, nous aurons la visite de Mme Bresson, qui interviendra dans ce cours pour vous parler sexualité, contraception, MST, consentement, etc.
On préfère si c'est vous, on vous connaît, on se fait confiance.
Quand on est entre nous, on n'a pas honte, vous voyez ?
On les aime pas trop les gens qui viennent nous expliquer le sexe.
Il y a des intervenants formés pour ça, des professionnels. Ce sera intéressant, vous verrez.
Formés ? Eh ben !
C'est chaud !
C'est bon ! T'as pas découvert l'Amérique.
Moi, ce n'est pas mon rôle… Et si exceptionnellement je peux répondre à vos questions, je ne suis pas là pour ça.
Vous êtes trop modeste, m'sieur.

SALLE DES PROFESSEURS
Pfiou !...
Les terminales MBC, franchement, j'en peux déjà plus !
À côté des premières Bac Mélec, c'est rien !
Vous rigolez !!! Et les première année Maçons, alors ???
Bon ! Ce n'est pas pire que l'an dernier...
Faut reconnaître...
C'est vrai !
C'est même mieux !
Allez, go ! On y retourne !

C'EST PARTI ! ON VA LES ÉCLATER, LES PROFS, COMME L'AN DERNIER !
Mais enfin, madame, qu'est-ce que vous faites là ?
Comment ça, qu'est-ce que je fais là ?
Moi, j'suis pas d'accord, madame, c'est trop dangereux !
Quand même, madame, vous n'êtes pas prudente !
Oui, vous ne pouvez pas jouer comme ça !
Bien sûr que si, je peux jouer !

Moi, si vous jouez, je ne joue pas.
Vous avez peur de perdre ou quoi ?
Hop
Hop
Hop
Hop
EH, LES GARS, J'SUIS PAS EN SUCRE !
BAM
BAM
BAM
Euh...
ZIP

68-39
PROFS
ÉLÈVES
TA TA TA TA !
LA TAULE DE LA
DÉCENNIE !
Mais, madame,
c'est pas juste, on ne
voulait pas risquer de…
Vous l'avez cherchée,
vous en entendrez
parler toute l'année !

C'est gentil à toi, Amélie, de t'occuper un peu de Shadan.
Quand on vient de loin comme lui, qui arrive du Pakistan, on est forcément un peu perdu.
C'est bien de le mettre en confiance.
BIENVENUE PARMI NOUS, SHADAN !
Tu vas vite te rendre compte qu'ici on travaille tous ensemble.
C'est une question de solidarité.
On ne laisse personne au bord du chemin.
Au contraire ! Tu vois, on cherche toujours à s'aider mutuellement.
On est tous embarqués dans le même bateau, si tu veux.

Si tu as des difficultés, par exemple, tu ne dois pas angoisser.
L'important, Shadan, c'est l'unité du groupe. C'est essentiel.
En fait, on peut dire que l'intérêt général prime chaque jour l'intérêt particulier.
Tu peux demander de l'aide. À moi, ou bien à tes camarades.
Une auteure, Marguerite Yourcenar, a une jolie formule… Elle dit : "La solidarité se dépense en petite monnaie journalière."
Le grand Victor Hugo disait : "Le propre de la solidarité, c'est de ne point admettre d'exclusion."
M'sieur !
Et c'est comme ça, ensuite, que chacun peut s'épanouir. OK ?
M'sieur !
Shadan, il parle pas encore français. Allez-y doucement.

Alors m'sieur… La BD que vous avez faite sur nous, on va pouvoir la lire quand ?
Il faut d'abord qu'elle soit éditée. Et ça, ce n'est pas encore décidé.
Pourquoi ?
Parce que ce n'est pas moi qui décide, justement.
Si vous voulez, on peut rajouter des trucs.
Des trucs ?
Oui, vous voyez, on peut faire des conneries en plus, des blagues pour les faire rire, ceux qui décident…
Vous seriez d'accord ?
Tu penses à quoi, exactement ?

JEU DE MOTS

Ça fait une heure qu'on bosse, m'sieur ! On peut pas faire une pause ?
Bon, OK. Le jeu du dico, ça vous dit ?
OUI, M'SIEUR !
Alors, comme d'habitude, on fait deux équipes. Les bons contre les mauvais, d'accord ?
Arrêtez de nous charrier, m'sieur.
C'est un mot qui commence par "so", comme notre cher Sofiane... et c'est une étoile !
Soprano ! C'est une star, Soprano !
Sodomiser !
Sommeil, la nuit on a sommeil !
Soleil !
SOLEIL ! Bonne réponse de Karim !... Et Yanis, calme-toi...
C'est un mot qui commence par "ka" comme Karim, et c'est en rapport avec la guerre et le Japon.
Kaki ! Comme les uniformes...
Kalachnikov !
Capote !
Kamikaze !
KAMIKAZE ! Bonne réponse de Pedro !... Yanis, s'il te plaît...

C'est un mot qui commence par "pé" comme Pedro et c'est un oiseau à très long bec.
Perruche !
Perroquet !
Pélican !
Pénis !
Pénétration !
PÉLICAN ! Bonne réponse de Charlotte !... Yanis, tu es lourd...
C'est un mot qui commence par "cha" comme Charlotte, et c'est un jeu où l'on doit trouver des mots.
Dictionnaire !
Charade !
Dico !
Le jeu du dictionnaire !
Chatte ! Chatte ! Chatte !
CHARADE ! Bonne réponse d'Abdel !... YANIS !!! STOP !!!
Un dernier ! C'est un mot qui commence par "abd" comme Abdel, et c'est un synonyme du verbe renoncer...
Abdiquer.
Alors là, Yanis, tu m'épates.

VELOCA
LA VIE DE MA MÈRE, ILS SONT CLAQUÉS, CES VÉLOS !
J'aurais dû prendre mon BMX !
Pour la *race* et le *freestyle*, les vélos qu'on loue là, ça vaut rien !
CYCL
Tonio, tu n'es jamais content. Ne commence pas à râler.
Mais c'est parce que j'suis un *rider*, moi, m'sieur ! La vie de ma mère, ça, c'est pas un vélo !

SA MÈRE ! C'EST NUL !
En fait, moi, j'vais prendre un vélo électrique s'il vous plaît !
Euh... Ce ne sera pas le même tarif...
Cherchez pas ! C'est le lycée qui paye. C'est tout bénef pour vous !
ALLEZ CIAO !

SALUT LES NAZES !
FSHHHH
ALLEZ TOUS CHEZ VOS MÈRES !

SALLE DE PERMANENCE
Qu'est-ce que tu fais là, Eduardo ?
Je me suis fait renvoyer.
Encore ??? Et pourquoi ?
Ben, parce que je travaille pas.
Tu ne veux pas arrêter de te prendre pour un mauvais élève ?
Je me prends pas pour un mauvais élève… Je SUIS un mauvais élève.

Ce que je veux te dire, c'est que si tu arrêtais de te considérer comme un mauvais élève, tu pourrais devenir un bon élève. Ça dépend de toi. Tu comprends ?
Mais non... Vous comprenez pas.
Si tu travaillais un peu, déjà, ça changerait.
Ben non. Ça peut pas changer.
Si j'étais un bon élève, je travaillerais... Mais j'suis pas un bon élève, c'est pour ça que je travaille pas. Je vois bien que vous comprenez pas ça, m'sieur.

Et pour terminer mon intervention en beauté, voici le clou du spectacle : le préservatif ! Celui-là est à la fraise.
Ah... Madame... Quand même ! C'est gênant.
Pourquoi ?
Ben vous montrez ça, comme ça, devant tout le monde...
On parle de contraception depuis une heure. Il est peut-être temps de sortir le matériel, non ? Ce n'est pas tabou.
Madame !
Oui ?
Je peux l'essayer ? Comme c'est pas tabou...
Bien sûr ! Tu sais comment ça se met ?
Euh... Je rigole, madame.
Ah ah ah !!!

Bien. Donc, on lit la notice. Même si on est super pressé. Enfin… surtout si on est super pressé. Et on ouvre le sachet.
On sort le préservatif sans l'abîmer. Attention aux ongles…
Et on le déroule sur le sexe en pinçant bien le bout pour éliminer l'air du réservoir.
Wouah, c'est chelou votre truc, madame !
Mon ami… Romain, je crois ? Si tu tiens toujours à essayer, c'est le moment. Ce serait plus parlant pour les autres de le voir en vrai.
Allez ! Arrêtez de me charrier, madame.
OK, très bien, pour finir, et puisque Romain est pudique aujourd'hui, vous pouvez vous servir du préservatif comme messager ! On le déplie, on met son pouce dedans, on tire sur le réservoir bien fort…
… et on vise la personne qu'on aime en secret depuis six ans sans oser lui déclarer sa flamme.
La vie de ma mère, j'aime trop les cours détendus comme ça !
J'ai rêvé ou elle a visé le prof ?

Nous accueillons aujourd'hui une nouvelle élève. Elle s'appelle Leïla. Je compte sur vous pour qu'elle se sente bien parmi nous.
OK, m'sieur.
Deux heures plus tard
DRIIING
LEÏLA !
QU'EST-CE QUE C'EST QUE ÇA ???
C'est ma table, pourquoi ?

Mais enfin, Leïla ! On n'écrit pas sur les tables ! Qu'est-ce qui t'a pris ???
C'est une habitude ! J'aime bien dessiner.
Mais... Personne ne t'a dit que c'était interdit ?
Si ! Tout le monde ! Mais c'est une passion...
Passion ou pas, c'est la première et la dernière fois que tu dessines sur une table. Tu m'as bien compris ?
Ouiiii !
Bon. Ce qui serait intéressant pour toi, c'est de discuter avec Mme Duprat, ta professeure d'arts plastiques. Elle aura sans doute des pistes à te proposer pour canaliser ton talent.
Je veux bien, m'sieur, parce que j'adooooore dessiner !
Très bien. Quelque chose me dit que tu vas bien t'entendre avec elle.
Sinon, Leïla...
Pour la table, je voulais te demander... Je peux la garder ?
Ah ah ah ! Oui, bien sûr. Je vous la fais à 40 balles !
Et si vous en voulez une autre, n'hésitez pas, hein !

Dans mon pays, m'sieur, y a plein de femmes qui manifestent dans la rue parce qu'elles ne veulent pas mettre le voile. Mais elles sont obligées.
C'est vrai.
C'est pas comme ici !
Qu'est-ce que tu veux dire, Shirin ?
Ben ici, m'sieur, y a plein de femmes qui ne sont pas contentes parce qu'elles veulent le mettre, le voile ! Et c'est interdit.
En fait, en France, les femmes ont le droit de mettre le voile, mais pas n'importe où. C'est comme ça.
C'est quand même mal foutu, avouez !
Qu'est-ce qui est mal foutu ?
Ben, je sais pas, moi... On n'a qu'à faire un échange et tout le monde sera content.
Vous voyez ce que je veux dire ?
Un échange ?
Ben oui. Moi, celles qui veulent mettre le voile ici, je leur dirais d'aller dans mon pays, et il faudrait faire venir en France toutes les femmes de mon pays qui ne veulent pas le mettre. Comme ça, tout serait réglé. Vous voyez ?
Tu es sûre que c'est aussi simple que ça ?
Je sais pas si c'est simple, mais en ce moment c'est compliqué.

BOUCHON DE CURIOSITÉ

Mardi
Bonjour ! Je vous ai appelé hier pour que vous veniez vous occuper de la voiture brûlée devant… Oui, j'attends.
Mercredi
Oui, oui, je suis toujours là.
DANS DIX JOURS ???
Vous ne pouvez vraiment pas avant ? Bien. D'accord. Merci.
Quinze jours plus tard
Bonjour, c'est de nouveau le proviseur du lycée Louise-Michel.
Oui, pour la voiture, c'est réglé, merci, mais…

Pour les classes de bac pro, l'idéal, ce serait de... Pardon ! Excusez-moi.
Rebonjour madame. Oui, la voiture a été évacuée, merci, mais ce n'est pas ça que... Nous avons encore... OK, je patiente.

Allo ? Oui, bonjour, c'est le lycée Louise-Michel...

DE L'IMPORTANCE DE LA GRAMMAIRE

Tonio ?
Oui, m'sieur ?
Pourrais-tu respecter ta maman ?
Oh ! M'sieur ! Qu'est-ce que vous dites ?
Je te demande si tu pourrais respecter ta maman ?
ARRÊTEZ DE PARLER DE MA MÈRE ! OH ! ÇA SE FAIT PAS, ÇA !
Mais Tonio… Ce n'est pas moi qui en parle. C'est toi ! Si tu veux, on va faire un petit rappel de grammaire.
Quand tu dis "sur la tête de ma mère", en fait, ce complément circonstanciel de lieu indique un endroit.
Oui, et alors ?
Donc, lorsque tu dis "sur la tête de ma mère, j'ai trop envie de pisser", je trouve que tu ne respectes pas ta maman.
Dans ce poème de Victor Hugo, nous trouvons donc des images qui nous font penser à toute une série de…

PREMIÈRE ! DEUXIÈME ! TROISIÈME GÉNÉRATION !!! ON… EST… TOUS… DES ENFANTS D'IMMIGRÉS !!!
Le lundi suivant
Vous avez vu la manif, m'sieur, ce week-end ?
Ben oui, Romain, j'ai vu ! J'y étais…
Ah bon ? Mais pourquoi ?
J'y étais parce que c'était une manifestation pour dénoncer les propos et les actes racistes en France. D'ailleurs, il y en a une autre samedi prochain… J'y serai de nouveau !

Moi, je ne suis pas un vrai Français. C'est pour ça que les gens sont racistes.
Qu'est-ce que tu appelles un "vrai Français", Farès ?
Ben vous, vous êtes super français ! Vous êtes né en France, comme vos ancêtres. Ça se voit ! Mais pour moi, ça marche pas.
Mais si : tu es né ici, tu as une carte d'identité française, tu es donc un "vrai Français".
Ben non, c'est pas ce qu'on dit.
Droit du sang, droit du sol, naturalisation, transmission... On va bientôt parler de tout ça, quand on fera le chapitre sur la citoyenneté. OK ?
Oui m'sieur !
OK !

Samedi
PREMIÈRE ! DEUXIÈME ! TROISIÈME GÉNÉRATION !!! ON... EST... TOUS... DES ENFANTS D'IMMIGRÉS !!!

Vous n'avez toujours pas trouvé de foyer pour vous accueillir ?
Non, c'est la galère !
Moi, je dors à la gare Saint-Charles.
Et c'est dangereux.
Moi, m'sieur, je dors sur la plage, en ce moment. Franchement, j'en peux plus...
Et c'est dangereux aussi... Surtout la nuit !
Moi, j'ai rendez-vous avec un éducateur, mais pour l'instant je dors n'importe où.
M'sieur !
Oui ?
Vous pensez qu'on pourrait dormir au lycée ? On serait bien à la cantine.
Ou au gymnase ?

Oh oh oh, et je rêve
Que Soudan mon pays
soudain se soulève
Oh oh,
Rêver, c'est déjà ça,
c'est déjà ça.
Vous me dites souvent que les poèmes ne servent à rien. La question de l'utilité est intéressante... D'autant plus que, parfois, la poésie est très connectée à la réalité.
Moi, je fais du rap. Du coup, vous voyez, j'aime bien la poésie. Je pourrais dire : Oh oh oh, et je rêve Que Niger mon pays soudain se soulève.
Oui, Alexandre, parfaitement. Mais ça sonne moins bien...
Pourquoi vous dites ça ?
Parce que Souchon joue avec les sonorités : Soudan, soudain, soulève... Les assonances en "ou", les allitérations en "s". Toi qui aimes le rap, je suis sûr que tu y es sensible.
Ah oui ! Je vois ! Je pourrais dire alors : Que Niger mon pays digère !
C'est mieux sur le plan de la rime. Mais qu'est-ce que ça veut dire ?
Il digère quoi, ton pays ? Ah ah ah !
Il faudrait trouver un mot qui ait du sens, et qui rime avec "Niger" et "digère"...
La guerre ? Que Niger mon pays digère sa guerre !
Oui, là, on est connecté à la réalité, mais il subsiste un problème de pieds.

De pieds ?
Oui. De nombre de syllabes, si tu préfères.
Ah oui ! On a fait ça, au collège ! C'était chiant.
Tu peux peut-être t'exprimer correctement, Lyam ?
Pardon, m'sieur. On a fait ça, les syllabes, au collège. C'était nul. Les alexandries, tout ça. La galère !
Bon, ici, ce qu'il faudrait, c'est trouver un meilleur rythme en gardant l'idée principale.
J'ai trouvé ! Oh oh oh, et je rêve Que Niger mon pays digère ses misères.
M'sieur, votre Alain Souchon, pourquoi il fait pas du rap ? Il pourrait être connu.
Après, pour lui, c'est facile... C'est déjà prêt dans sa tête. Soudan, soudain, soulève... quand on s'appelle Souchon, c'est naturel, quoi !

Hé ! Vous êtes une nouvelle prof ?
Pourquoi vous répondez pas ?
Bonjour, je suis Magali. Je remplace M. Wurtz.
Bonjour Magali !
Bienvenue ! Tu veux un café ?
C'est mon premier poste... J'avoue que je suis un peu inquiète à cause de la mauvaise réputation du quartier...
Inquiète ? Pourquoi ?

Pas de quoi s'inquiéter ! Mais dès que tu as l'occasion d'aller enseigner ailleurs, surtout n'hésite pas...
Arrête, t'exagères !
Remarque, ce qui est bien, c'est que quand tu as travaillé ici, tu peux travailler n'importe où !
Oui, plus rien ne te fait peur !...
Tu es sûre de vouloir faire ce job ?
C'est si terrible ?...
Ça dépend pas mal de la manière dont tu t'y prends...

Bon, vous allez rencontrer votre nouvelle prof d'anglais tout à l'heure. Je compte sur vous pour lui réserver un bon accueil. OK ? Vous rangez vos portables, vous restez polis. C'est entendu ?
Oui, OK.
OK, m'sieur !
Ça marche.
On sera des anges !
Pas de portable ? Oh, la galère...

Je suis Mme Busquet, votre nouvelle professeure d'anglais.
Nous allons donc… reprendre le cours… où vous en étiez avec M. Wurtz…
We welcome you to our school, miss Busquet, and we are listening to you.

Mais m'sieur ! Pourquoi vous voulez qu'on réponde à des journalistes qui travaillent pour une radio qui parle du cul ?
Non ! Stop ! Attendez ! On appelle cette radio France Cul, mais on devrait dire France Culture.
Ah d'accord ! Ça ne parle pas du cul...
C'est ça.
Donc, si vous êtes d'accord, on va recevoir ces journalistes qui préparent un reportage sur les quartiers sensibles de Marseille.
D'accord.
C'est quoi un quartier sensible ?
Vous êtes sûr de vous ?
C'est quoi un quartier sensible ?
Tu crois qu'ils vont nous demander nos papiers ?
C'est quoi un quartier sensible ?
Tu vois bien... C'était pas possible que le prof nous fasse parler du cul à la radio !
C'est quoi un quartier sens...
MAIS J'EN SAIS RIEN !!!
Tout ce que je sais, c'est que j'suis pas sensible, moi ! Ça va pas, non !

Trois jours plus tard
Allo ? Monsieur Resch ? On n'arrive pas à trouver la sortie de l'entrée !
Trois.
Combien y a-t-il de primo-arrivants parmi vous ?
Zéro.
Douze.
Et vous êtes en France depuis combien de temps ?
Depuis cet été.
Depuis toujours.
Trois mois.
Je viens d'arriver.
Pas longtemps.

Et vous venez d'où ?
De Caen.
Ben, du quartier.
Et notre prof, il vient des Vosges !
Moi, je viens de Gambie.
Moi, du Mali.
Du Sénégal.
Pakistan.

Est-ce que l'un d'entre vous veut nous raconter un peu son parcours pour venir jusqu'ici, en France ?
Euh... C'est quoi, un primo-arrivant ?

RÉUNION PARENTS-PROFS I

Il paraît que Mme Lombardo a accouché. Vous êtes au courant, m'sieur ?
Vous savez si c'est un garçon ou une fille ?
Je crois que c'est une fille... Mais je ne suis pas censé vous le dire. Elle vous en parlera elle-même.
Il paraît que Mme Lombardo n'a pas de mari... C'est vrai ?
Alors ça, ça ne nous regarde pas.
Mais, pour faire un bébé, il faut bien un homme et une femme !
Pas chez les chrétiens. Ah ah ah !
Chez les chrétiens, il y a la Vierge Marie. C'est Notre-Dame de la Garde. Elle, elle a fait un bébé toute seule !
Avec Mme Lombardo, ça tombe bien alors !
Et encore, ça, c'est rien ! Le plus dur, c'est de l'élever toute seule. Ça, c'est du sport !
C'est malin...

Bon.
Il faut que je vous parle, m'sieur.
Je t'écoute, Karim.
Je suis embêté pour vous.
Pourquoi ?
Ben parce que vous avez pas de chance.
Pourquoi tu dis ça ?
Parce que ça tombe mal pour vous. Voilà.
Mais enfin...
De quoi tu parles ?
Ça me gêne de vous le dire... Mais j'ai toujours pas commencé le devoir qu'on doit vous rendre aujourd'hui.

2e TRIMESTRE

CONSTITUTION - ARTICLE 3
“ SONT ÉLÉCTEURS DANS LES CONDITIONS DÉTERMINÉES PAR LA LOI TOUS LES NATIONAUX FRANÇAIS MAJEURS DES DEUX SEXES JOUISSANT DE LEURS DROITS CIVILS ET POLITIQUES ”
M’sieur ! Quand même !
Qu’est-ce qu’il y a Dimitri ?
Deux sexes jouissant !
Deux sexes jouissant de leurs droits, ça veut dire que tous les Français, hommes et femmes, ont des droits.
Oui, enfin d’accord m’sieur mais c’est pas ce qu’on comprend, nous.

JEAN-CLAUDE ZORG
LANGAGE
VERNISSAGE
LE 2 DÉCEMBRE
14H30
GALERIE OLSON
ZORG
Ouf.

On a une prof de dessin au lycée, c'est Mme Duprat. Si vous voulez, elle peut vous donner des cours !
Comment on gagne sa vie en faisant des trucs comme ça ?
J'aime bien le tableau où y a juste un trait, ça repose grave !
Monsieur, c'est à quel âge que vous avez peint tout ça ?
Vous devriez prendre votre temps, pour peindre, j'vous jure !
La vie de ma mère, on dirait du papier cadeau !!!
Vous peignez avec votre bouche comme ceux qui n'ont pas de bras... Ou normal, avec vos mains ? On s'demande !

Attention, Kenji, on ne met pas d'accent sur le mot "boulanger" mais ici, au féminin, il y a un accent grave sur "boulangère". C'est une question de genre, en fait.
Ah ça, je vais le dire à ma mère !
Dire quoi ?
Eh ben que vous aussi.
Quoi, moi aussi ?
Ben, vous aussi vous dites "genre" et "grave".
Moi, ma mère, genre, elle m'engueule toujours quand je dis ça.
Ah oui ! Grave, moi aussi.
Pareil !
Grave !
Comme si c'était grave, genre !

Avant les vacances, m'sieur, on pourra voir un film où ça tire ?
Où ça tire ? Qu'est-ce que tu veux dire par là, Donovan ?
Un film avec des armes !
Ça serait bien si on pouvait choisir pour une fois.
Pas un film genre Arte.
Une semaine plus tard
Cyrano de Bergerac
Ce film est une adaptation de la pièce de théâtre d'Edmond Rostand, dont la première représentation a été donnée en 1897 à Paris. Je suis sûr que ça va vous plaire.
Je sais pourquoi on comprend rien, c'est parce qu'ils parlent en alexandries.
-drins !
Mais c'est tourné au Moyen Âge, en fait !
Oulà, je sens que ça va être porno !
Yanis !!!

Quoi, m'sieur, ça va pas être porno ?
C'est une vision poétique de l'amour, Yanis.
Ça pourrait passer sur Arte, si tu préfères.
Et voilà, il ne se passe rien...
J'aime pas les visions poétiques de l'amour.
Je me suis donc battu, cousine, et c'est tant mieux
Non pour mon vilain nez, mais bien pour vos beaux yeux.
Ouh, il est trop fort, Cyrano !
Avec ça, il va la pécho, c'est sûr !
Moi, je crois pas.
Voilà, j'aime quelqu'un, qui ne le sait pas d'ailleurs...
Il a sur son front de l'esprit, du génie. Il est fier, noble, jeune, intrépide, beau...
Beau !
Oulà !
C'est mort pour Cyrano !
On peut arrêter là, m'sieur ? C'est horrible.

M'sieur ! Si on vend de la drogue ou si on vole un scooter, c'est pareil ?
C'est-à-dire, Djibril ?
Pour le Dieu, le scooter, ça passe, non ?
M'sieur ! Vous pensez que le Dieu, il peut être pour une équipe de foot ? Ou pour Neymar, par exemple ?
Je ne crois pas, non.
Moi non plus. Surtout Neymar...
M'sieur ! Vous dites qu'on n'est pas obligé de croire en Dieu, c'est ça ?
Oui, Lyam.
Ben, en fait, vous avez raison. Ça sert à rien que tout le monde s'énerve ! Le Dieu, il existe, évidemment... Mais on n'est pas obligé d'y croire.

L'AGRESSION DU PÈRE NOËL

SALUT BILAL !
Alors, on ne croit plus au père Noël ? Ce n'est pas une raison pour embêter ce monsieur, si ?
Oh ! M'sieur Resch ! Je ne vous avais pas vu !
C'est qui lui ?
C'est mon prof !
Bon, les gars, remettez tout de suite sa barbe au père Noël !
Désolé, m'sieur, c'était pour rigoler, hein !

Ouh là là ! Qu'est-ce qui vous arrive, m'sieur ? C'est quoi, cette écriture à l'ancienne ?
Vous connaissez la police par cœur, ou quoi ?
La police ?
Non, pas cette police-là ! Vous n'avez rien fait de mal... Je veux dire qu'avec un ordinateur on peut choisir cette police d'écriture mais vous, vous la faites à la main. C'est trop bizarre.
En fait, rappelez-vous, c'est comme ça qu'on a tous appris à écrire quand on était petits. Moi, de mon temps, c'était à la plume. On apprenait même les pleins et les déliés.
C'est quoi ça, les pleins et les déliés ?
Regardez la copie de Lanciné, et vous allez comprendre... On apprend encore à écrire de cette manière dans certains pays d'Afrique.

Wouah ! Mais comment tu fais ça ?
Mon père était le maître d'école de mon village. Et c'est comme ça qu'on devait écrire. Mais, en principe, il faut une plume et un porte-plume. Avec un stylo plume, c'est plus difficile.
En Côte d'Ivoire, on écrit avec des plumes ??? C'est quoi, cette histoire ?!
Il ne s'agit pas de plumes d'animaux mais de plumes en métal.
La guerre froide
SERGENT MAJOR SUPÉRIEURE
Le sergent Major, il a fait la guerre froide ?
Mais non ! Ça n'a aucun rapport, Dylan. J'ai juste projeté une vieille publicité de la marque sur le titre du cours d'aujourd'hui, c'est tout.
Des fois, je suis vraiment perdu dans vos cours, m'sieur.
Ça va mieux, comme ça ?
La guerre froide
Oh ! Dylan, la vie de ma mère, fais un effort.

Vous savez, l'école, avant, c'était très différent d'aujourd'hui.
On apprenait à écrire avec ces plumes, qu'on trempait dans des encriers…
C'était à quel siècle ?
… et on écrivait donc en faisant des pleins et des déliés.
La technique, c'était d'appuyer sur le porte-plume à la descente…
… et de laisser revenir délicatement la plume, sans pression…
… à la remontée du poignet.
C'était assez lent !
Mais le résultat était… … impressionnant !
Le Sergent Major
n'a jamais pris part à
La guerre froide
J'ai compris.

Oh, la vie de ma mère ! La gadjie, je lui ai dit qu'elle était belle. Elle m'a répondu que j'étais pas mal, les gars !
PAS MAL, VOUS VOUS RENDEZ COMPTE ?!!!
Oui, tous les mots sont fins quand la moustache est fine !
x² + 2x + 1 = 0
(x + 1)² = 0
M'sieur, tous les mots sont fins quand la moustache est fine !
Et ta journée ? Ça s'est bien passé ?
Oui, tous les mots sont fins quand la moustache est fine !

Tu sais, tous les mots sont fins quand la moustache est fine...
Tout le monde m'a rendu son devoir ?
Oui, tous les mots sont fins quand la moustache est fine !
Euh... pourquoi tu cites Cyrano, Abdel ?
Je sais pas ! J'adore cette phrase !

M'sieur, vous avez vu la police, tout à l'heure ?
Non.
Elle est venue au lycée pourtant.
Ah bon ? Et pourquoi ?
Elle est venue chercher quelqu'un.
Ah bon ? Qui ça ?
Bon, ça me gêne de vous le dire... Mais les flics ont serré la prof de dessin.
C'était chaud m'sieur !
LA POLICE A EMBARQUÉ MADAME DUPRAT???
Ah ah ah ah ! Mais non... C'est pour mettre dans votre BD ! C'est bon ça, non ?

T'avais déjà vu ça, toi ?
Jamais. J'suis comme toi, j'suis arrivé cette année.

Akim ?
Monsieur Resch ???
Ça alors, ça fait plaisir ! Tu travailles ici ?
Oui, je surveille, vous voyez. Je fais cela depuis quelques années. C'est un boulot tranquille. Et vous ? Toujours prof ?
Oui, toujours. Mais, comme tu peux le constater, le mercredi, je suis en repos. Et j'achète des chaussettes !
Ah ah ah !
Attention, hein, faut acheter, pas voler ! Sinon, je suis obligé de vous arrêter.
Ou alors, comme vous étiez mon prof, je ferme les yeux... Vous voulez ?

Lundi
Mardi
Mercredi
Jeudi

Vendredi
Salut !
Pourquoi tu t'habilles en rose ?
T'es pas une meuf !
Pourquoi tu t'habilles comme une fille ?

Tu sais… On n'aime pas trop les mecs qui s'habillent en rose, nous !
Tu comprends ?
Demain, tu t'habilles normalement.
Demain, pas de rose… OK ?
Je sais pas si vous connaissez la mafia italienne, mais je vais vous apprendre un truc. Là-bas, les chefs de clans, on les appelle des parrains. Et les parrains, ce sont eux qui font la loi. Tout le monde les respecte. Et vous savez comment ils s'habillent ? En rose. Et vous savez pourquoi ? Pour bien montrer que personne n'a le droit de se moquer d'eux. Le premier qui ose rigoler, il se fait descendre direct.
Vous voyez ce que je veux dire ?

Le questionnaire de Proust permet de mieux se connaître, si vous voulez.
Mais on doit dire ce qu'on pense ?
C'est mieux.
Le principal trait de mon caractère
Je peux résister quand on me frappe
Mon rêve de bonheur
Une Carte de Séjour
Le pays où je désirerais vivre
ICI
Quel serait mon plus grand malheur ?
Ne plus revoir ma famille
Ce que je voudrais être
OMAR SY
Mon héros dans la vie réelle
Jamel

M'sieur, vous avez vu ? Il y a deux gadjos qui cherchent la bagarre en bas ! Ils s'embrouillent avec des seconde.
Ils sont pas d'ici, vous allez voir, ça va être vite réglé !
Non, vous inquiétez pas, ils font trop de bruit ces deux-là, ça va pas durer.
On dirait que ça ne s'arrange pas... Je vais prévenir le proviseur.

ET SI ON VOUS
REVOIT DANS LE QUARTIER,
VOUS ÊTES MORTS !

Et voilà ! Qu'est-ce que j'avais dit ?! Ils partent en courant, les mecs, on les reverra plus.
Comment tu sais ça ? Et qui sont ces trois types venus faire la police ?
Eux, c'est le service d'ordre, m'sieur.
Quel service d'ordre ? Je ne comprends rien…
Le service d'ordre du réseau, si vous voulez.
Mmm… Comment vous dire ça… ? Le réseau aime que le quartier soit tranquille. Si y a des embrouilles, ça attire la police, et c'est pas bon pour le commerce. Ah ah ah !
Tu es en train de m'expliquer que le lycée est protégé par les trafiquants du quartier ???
Ah ça, j'en sais rien, ça se dit pas ! Mais vous voyez, quand il y a un problème, c'est quand même vite réglé !

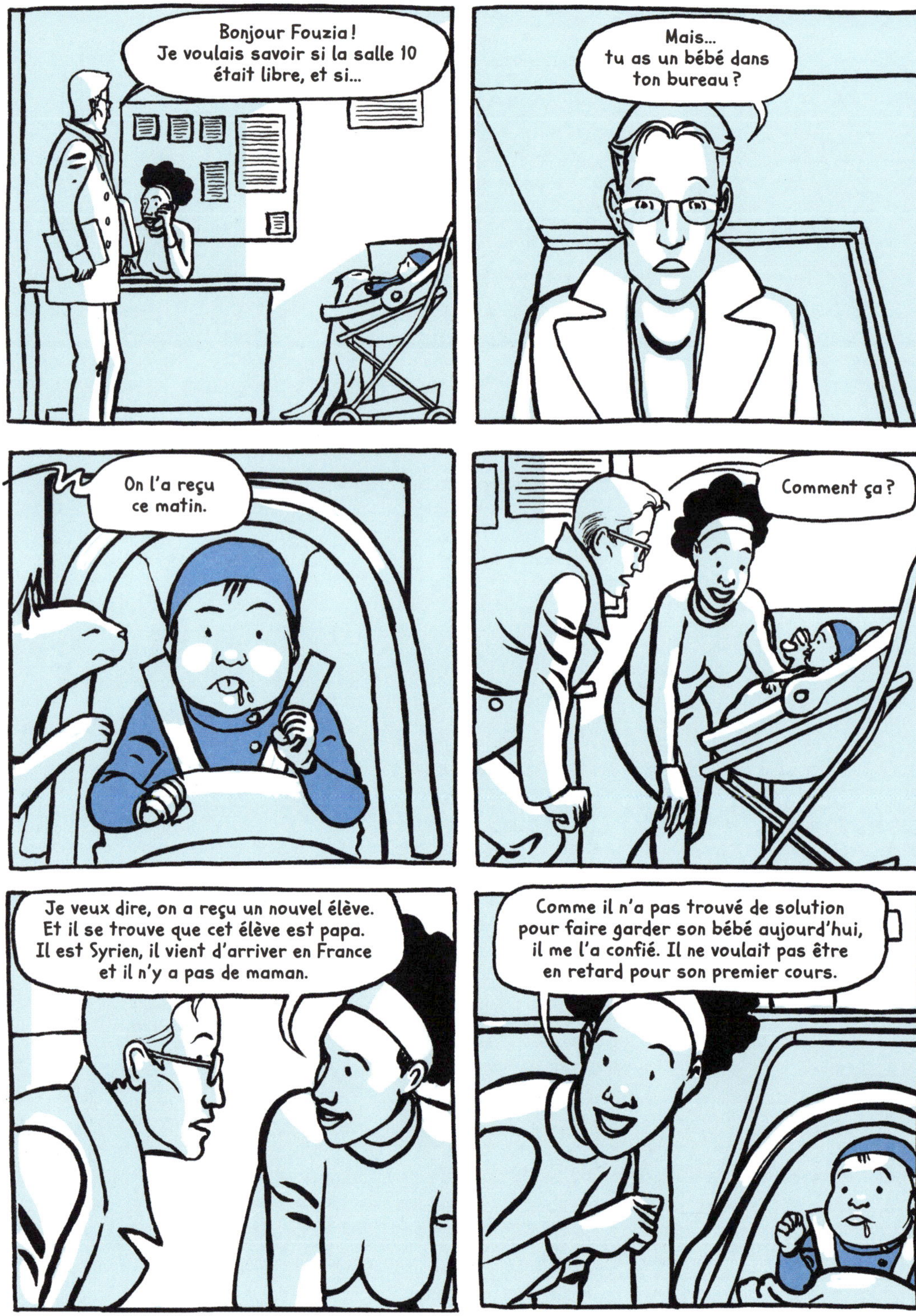
Bonjour Fouzia ! Je voulais savoir si la salle 10 était libre, et si...
Mais... tu as un bébé dans ton bureau ?
On l'a reçu ce matin.
Comment ça ?
Je veux dire, on a reçu un nouvel élève. Et il se trouve que cet élève est papa. Il est Syrien, il vient d'arriver en France et il n'y a pas de maman.
Comme il n'a pas trouvé de solution pour faire garder son bébé aujourd'hui, il me l'a confié. Il ne voulait pas être en retard pour son premier cours.

C'EST BIEN VRAI ? CE N'EST PAS UNE BLAGUE ? VOUS AVEZ ACCUEILLI UN BÉBÉ CE MATIN ???
Oui.
VOUS ÊTES TOMBÉE SUR LA TÊTE ???
C'EST DE L'INCONSCIENCE !
C'est juste un bébé...
BLAM
S'IL ARRIVE QUOI QUE CE SOIT, JE VOUS TIENDRAI ÉVIDEMMENT POUR SEULE RESPONSABLE !!!
OUUIIIN
C'est malin ! Il lui a fait peur !
BLLL BLLL

Blll Blll
Blll Blll
Blll Blll
J'ai raté mon bus, madame. Le 26, il fait n'importe quoi ! Je peux avoir un billet de retard ?
C'est à qui, le bébé ???
Il est à l'un de tes camarades.
Ah ben j'ai bien fait de venir, ce matin. Même en retard. Il est trop beau, m'dame !
Toi aussi, t'as raté le 26 ?
Blll Blll
Clément ???
tu peux surveiller le bébé ?
Hein ?
Je dois monter à l'étage pour voir un prof.
Non, non, non, non ! Je sais pas faire ça, moi !

Les bébés, ça s'improvise pas...
Il y a des couches sous le couffin, en cas de nécessité.
OUUIIIN
Il est 9 heures ! Dépêchez-vous, les retardataires !
Vous êtes papa ?
Ce n'est pas mon bébé... Mais filez en cours !
Ah ah ah !
Allez, arrêtez ! On peut pas être autoritaire avec un bébé dans les bras. Ça marche pas, je vous assure...
Blll Blll Blll Blll

Tu es avec nous, Salim ?
Salim ?
Ah ! Il semblerait que nous ayons une rupture de contact.
Ah ah ah !
Salim, tu me reçois ?
Bon. Visiblement, la connexion a été interrompue.
Ah ah ah!
Ah ah ah!
SALIM !
SALIM !!!
Salim ?

M'sieur, laissez tomber. Salim, il est amoureux en ce moment… Y a rien à faire !

Je veux bien, mais... enfin, on est en cours tout de même.
Vous savez quoi, m'sieur ?
Dis-moi...
Quand on est amoureux, on devrait être dispensé de cours.
Je suis bien d'accord !
Très bien ! Au prochain conseil d'administration du lycée, je vais proposer une modification du règlement intérieur : DISPENSE DE COURS POUR CAUSE D'AMOUR !
Wouah, la punchline !
Depuis le temps qu'on vous dit de faire du rap, m'sieur...

M'sieur ?
Oui, Djibril ?
Un jour, vous pourriez faire semblant ? Vous me faites une blague, vous me mettez la moyenne ! J'aimerais trop savoir ce que ça fait d'avoir la moyenne.
M'sieur, on a discuté entre nous et on préfère être honnêtes avec vous : on n'aime pas trop les notes que vous nous mettez en ce moment.
M'sieur ?
Oui, Sofiane ?
C'était bizarre, la fin de mon stage. Le patron m'a mis une trop bonne note mais il m'a pas donné un euro.

Vous, m'sieur, votre travail, c'est de mettre des notes, toujours des notes !
Tu exagères, Arthur... J'enseigne aussi un peu, non ?
Vous savez ce qu'on dit, m'sieur ?
C'est un tag de mon quartier.
CELUI QUI PEUT AGIT
CELUI QUI NE PEUT PAS ENSEIGNE
Personnellement, je me méfie des phrases toutes faites...
Vous dites ça parce que ça vous concerne !
C'est vrai ! Mais, si ça se trouve, certains agissent parce qu'ils ne peuvent pas être profs.
Ah ah ah ! CELUI QUI NE PEUT PAS ENSEIGNER AGIT ! Ouais ! Quand on vous dit de faire du rap, m'sieur !

Bon, alors ! Avertissements travail et comportement ! Et on le renvoie trois jours ?

Pour moi, Eduardo est un cas désespéré. Il ne travaille pas. Et il est souvent absent. Vous l'avez beaucoup vu, ce trimestre ?
On le voit dans les parages dès qu'il y a des vols de portables ! Comme par hasard...
Et n'oublions pas sa participation active à la belle bagarre d'il y a quinze jours !
À part se retrouver dans des affaires un peu louches, il n'a pas fait grand-chose depuis septembre... Mais je ne suis pas forcément pour le renvoyer trois jours chez lui.
Je ne sais même pas comment il a pu obtenir 8 de moyenne générale. On se demande où il va chercher ses notes...
Il se repose sur ses acquis. Et il est doué. C'est comme ça qu'il s'en sort... Si on peut dire. Mais c'est vrai qu'il n'exploite pas ses capacités. On voit bien qu'il a d'autres préoccupations que le lycée !
Ça n'excuse pas son comportement, mais il est sous l'emprise des caïds du quartier. On le sait tous... Et sa mère l'élève seule. Elle a l'air dépassée.
Si on le renvoie trois jours, j'ai bien peur qu'on le perde définitivement. Je vais lui parler. Et je vais appeler sa mère pour faire le point avec elle.

Et qu'en dit notre déléguée ?
Moi, je crois qu'il ne faut pas le renvoyer. Eduardo, il n'est pas méchant.
Eh bien d'accord. Donnons-lui une chance de se rattraper au troisième trimestre.
Le lendemain
Bon. Eduardo, tu te comportes mal, tu cherches les embrouilles, tu voles des portables… L'année dernière, déjà, tu faisais N'IMPORTE QUOI !!!
Oui, m'sieur.
Tu me dis "oui, m'sieur", mais si tu ne changes pas ton comportement, bientôt, je ne pourrai plus rien faire pour toi ! Et tu te débrouilleras tout seul !
EST-CE QUE TU COMPRENDS VRAIMENT CE QUE JE TE DIS ??? OU TU T'EN MOQUES ??? TU VAS ENFIN RÉAGIR, OUI OU NON ???
Oui, m'sieur.
Non, m'sieur.
Oui, m'sieur.

Deux jours plus tard
Ma mère, elle a bien compris ce que vous lui avez expliqué au téléphone et elle a fait ça pour vous, m'sieur. Pour vous remercier parce que je me suis pas fait virer grâce à vous.
Je crois que c'est de la broderie. Elle fait de la broderie, ma mère. Et comme je lui ai dit que vous faisiez une BD sur nous, elle a dit que ça va vous porter chance et que vous allez être publié grâce à ça.
BONNE CHANCE POUR LA BD!

Dis donc, Dimitri, ton classeur, c'est n'importe quoi ! Tu ne pourrais pas en prendre soin ?
Si.
Qu'est-ce que c'est que tous ces chiffres, là ? À quoi ça rime ?
Ah ça, m'sieur, c'est les plaques !
Les plaques ?
Les plaques des civils.
Les plaques des civils ?
Les plaques d'immatriculation des condés en civil. Je dois les apprendre par cœur, vous voyez ?
Euh, je vois, oui. Mais, dis-moi, tu n'as pas mieux à faire, dans la vie, que de faire le guetteur ?
Si.

M'sieur, pour la prochaine sortie, on pourrait aller à Tahiti ?
Je vais être votre guide pour la matinée, je vous invite à me suivre.
Sellou, tu viens ? Qu'est-ce que tu fais ?
AUX PÉRIS EN MER, VICTIMES DE L'IMMIGRATION CLANDESTINE

AUX PÉRIS EN MER,
VICTIMES DE
L'IMMIGRATION
CLANDESTINE

RÉUNION PARENTS-PROFS II

Monte ! Monte Malik ! Euh... Christian ! Non : animal !
Mais il me semble à présent que c'est mal.

Moussa, tu as des nouvelles de Malik ? Ça fait quand même quinze jours qu'il est absent.
Vous inquiétez pas, m'sieur, il va revenir bientôt.
Il est malade ?
Non, c'est à force de jouer avec les voitures.
Qu'est-ce que tu veux dire ? Il a eu un accident ?
Non, c'est juste qu'il fait des crash-tests avec un copain. Et là, il s'est fait mal.
DES CRASH-TESTS ?
Oui, Malik, il a un pote qui vole des voitures pour tester les airbags.
Euh... Tu me fais peur, là.
Je vous explique. En fait, ils prennent une voiture.

Ils roulent un peu, et puis ils accélèrent à fond...

Ils cherchent un endroit où y a personne sur le trottoir, pour pas créer de problèmes, et ils font le test.
CRAAAK

En général, ça va, c'est sans danger. Le problème, là, c'est qu'ils ont décidé de détacher leur ceinture pour voir si l'airbag, ça suffisait.

Et alors ?
Ben, en fait, ça suffit pas trop.

Il pleut depuis trois jours, vraiment, ça me fiche le moral en l'air.
Comment ça va, monsieur, ce matin ?
Bof...
La réforme des retraites, moi, ça me déprime.
Ma parole, quand il fait froid comme ça, on dirait qu'on est à Paris !
Ça craint !
Sur ma mère.
Pfff... Mais comment on a pu perdre à domicile contre Lorient samedi ???!!!

3e TRIMESTRE

Demain, on va recevoir mon inspecteur !
Ah oui ! Comme au collège. Je me souviens. Il y a un de mes profs qui s'était fait inspecter. Ça s'était mal passé.
Ah oui ? Et pourquoi ?
Parce qu'on avait mis le bordel.
Tu parles mal, Dylan !
Non mais vous inquiétez pas, m'sieur ! On va assurer grave !
Oui, on va être des bons élèves.
On va répondre un par un.
On va lever le doigt !
Et vous n'allez pas interroger Dylan, comme ça, y aura pas de problèmes !

Le lendemain
Bonjour.
Bonjour ! C'est vous, l'inspecteur de notre prof ?
Oui, c'est moi.
OK. Installez-vous monsieur l'inspecteur ! Ça va commencer.
Dylan... Personne ne t'a demandé de faire les présentations.
Ben m'sieur, je suis poli. J'accueille.

Qui peut m'expliquer le sens de cette phrase ?
Florent écoutait mal les explications de monsieur Verlaque
Une barre de soleil, tombant du haut vitrage de la rue couve
vint allumer ces couleurs précieuses, lavées et attendries
par la vague, irisées et fondues dans les tons de chair
des coquillages, l'opale des merlans, la nacre des
maquereaux, l'or des rougets, la robe lamée des harengs
les grandes pièces d'argenterie des saumons.
Le Ventre de Paris
Moi !
Moi ! Je sais !
Moi ! S'il vous plaît !
Moi ! M'sieur !
Moi !
Moi ! Je sais !
Moi aussi !
Moi ! Je sais !
Moi !
Moi ! Je sais !
Moi !
Moi ! M'sieur !

On voulait vous remercier pour votre cours, m'sieur, parce que c'était trop bien !
Et on fait pas ça parce qu'il y a l'inspecteur, hein !
Vous êtes top ! Vous méritez des cadeaux…
Euh… Mais non, enfin ! Qu'est-ce que…
En plus, on a tellement adoré le texte d'Amélie Zola, c'est normal de vous offrir tout ça.
Soyez pas gêné, m'sieur !
Merci ! Merci encore m'sieur !
Et ça, c'est pour vous monsieur le commissaire. C'est pour vous remercier parce que vous allez mettre une bonne note à notre prof.

UNE MINCE AFFAIRE

Lundi
Zélie ?
Elle est absente, m'sieur.
Mardi
Avez-vous vu Zélie ?
Elle est pas là, m'sieur.
Mercredi
Les filles, avez-vous des nouvelles de Zélie ?
Non m'sieur, c'est bizarre.
Jeudi
Ah ! Zélie ! Ça va ?
Oui, pourquoi ?
Tu étais absente, je m'inquiétais... Et tes affaires ?
Je les ai, mes affaires ! Pourquoi ?
Non, je te parle du test, tout ça...
Aaaah, vous pensez encore à ça ?!!! Vous êtes bizarre, vous... Tout va bien !

LYCÉE
LOUISE MICHEL

WIIIN
d'une métaphore
musicale.
Mais m'sieur,
WOU
Êtes-vous
d'accord avec Fatia ?

Thierno, tu peux fe
la fenêtre
te plaît
Mais on crève de
aud,
KLANG
Ça, ça devait arriver un jour...
Oh là là, m'sieur, le gadjo en moto, il est par terre !
M'sieur, faut y aller, faut aller l'aider, tant pis pour le cours !
Tu vois bien qu'il n'est pas seul, Donovan.
Mais... ça s'appelle "non-assistance à personne en danger", ce qu'on fait !!!
C'est ça.

C'EST LE PRINTEMPS !

Le lendemain
e VAPO
Tenez, m'sieur, c'est pour vous ! Cadeau ! Il nous en restait...

C'est pas normal les petites taches blanches sur les *Gaura Lindheimeri Passionate Blush*...
QU'EST-CE QUE C'EST QUE TOUT ÇA ???
Bah, c'est des plantes !
Ça doit être quelqu'un qui les a jetées...
Vous vous êtes cotisés pour décorer la salle ?
Non, m'sieur, on les a trouvées dans la rue.
C'est dommage ! Elles sont même pas fanées.

Vous savez, m'sieur, ma mère, elle a pris la tête à mon père à cause de vous.
Euh... Pourquoi ?
Ben, pour l'Aïd, elle a fait des gâteaux. Et elle en a fait pour vous.
Des baklavas, des cornes de gazelle, des cigares aux amandes...
Mais c'était jamais assez. À chaque fournée, elle en remettait sur le plateau, pour vous.
Elle a rajouté des makrouds, des zlabias, parce qu'y en avait pas.
Ça me gêne que ton père soit fâché, Sofiane, mais tu remercieras bien ta maman.
Ça me fait penser que j'ai oublié de prendre le plateau ce matin. Vous l'aurez demain. Enfin, peut-être... si mon père n'a pas mangé votre part.

Ouèk! Ouèk!
Ouèk! Ouèk!
Ouèk! Ouèk!
Je trouve qu'il y a du laisser-aller depuis quelque temps.
Au début de l'année, tout le monde avait pris de bonnes résolutions.
Mais tout ça, c'est fini, visiblement!
???
Vous ne terminez pas vos devoirs...

Vous ne vous relisez pas...
C'est vraiment n'importe quoi !
En fournissant aussi peu de travail, je dois vous le rappeler, vous n'irez pas loin !!!
En ce moment, c'est simple : vous ne faites rien !
RIEN ! RIEN ! RIEN !
Dans quelle langue je dois vous le dire ?
OUÈK ! OUÈK ! OUÈK !

?
M'SIEUR! VENEZ VITE!
???
Dans votre salle, venez vite!
DJIBRIL !!!
Alors m'sieur! Pour votre BD, ça, c'est bien aussi, non?

M'sieur, c'est bizarre, avec Internet, la télé, tout ça, ça devrait être fini, la lecture...
C'est-à-dire ?
Ben, aujourd'hui, on n'est plus obligé de lire et il y a des gens qui lisent quand même...
Ce qui est bizarre, aussi, c'est quand vous dites qu'un texte a été écrit, disons... en 1890.
Qu'est-ce qu'il y a de bizarre là-dedans ?
C'est qu'on ne peut pas vous contredire.
Moi, en fait, j'aimerais bien lire un peu le soir, comme ça, tranquille...
Tu veux des titres de bouquins ?
Attendez, m'sieur, j'ai pas dit que j'allais lire, j'ai dit : j'aimerais bien !

Moi, je trouve que c'est plutôt triste de lire.
Surtout quand on est jeune !
Moi, ça me fait presque peur...
Sinon, m'sieur, vous avez dit qu'il fallait lire combien de pages pour demain ?
Ah bon ? Y a des pages à lire pour demain ?
Tout le premier chapitre. Mais, évidemment, ce n'est pas interdit d'en lire davantage...
Et voilà ! Avec vous, c'est toujours comme ça !... On vous demande un truc et vous exagérez !

Oui, m'sieur. Les condés, ils sont venus. La vie de ma mère, ça devient dangereux.
Moi, vous savez, j'ai l'impression que les condés, c'est pas vraiment une bande comme les autres...
Il y a encore eu un mort cette nuit dans le quartier. Ces règlements de comptes entre bandes rivales, c'est tout de même très inquiétant en ce moment. Restez bien à l'écart de tout ça, surtout !
Qu'est-ce que tu veux dire, Dylan ?
Vous voyez, quand il y a un règlement de comptes, les condés débarquent et j'ai l'impression qu'ils mettent tout le monde d'accord ! C'est parce qu'ils sont mieux organisés que les autres bandes. Ils ont des uniformes et tout. Et ils sont bien plus armés aussi.
Quand tu parles des condés, tu parles de la police, c'est bien ça ?
Oui, la police, c'est ça ! C'est une bande trèèèèès organisée, la police, vous savez ?
Mais la police, tu ne peux pas la mettre sur le même plan que les autres...

Oui, c'est ce que je vous dis. C'est pas une bande comme les autres. Ils sont trop forts, eux.
Attends, attends... Ce que je veux te dire, c'est que la police n'est PAS DU TOUT une bande. Ce sont des fonctionnaires payés par l'État pour faire respecter la loi.
Oui, je sais. On appelle ça la loi des quartiers !
Non, ce que tu ne comprends pas, c'est que policier, c'est un métier. Trafiquant de drogue, ce n'est pas un métier.
Ben si, m'sieur.
Non. C'est une activité qui est interdite par la loi. Et les condés, comme tu les appelles, sont là pour tenter d'empêcher les différents trafics et les règlements de comptes entre bandes rivales de trafiquants, justement.
Oui, c'est ce que je vous dis depuis tout à l'heure !... C'est eux, les plus forts. Enfin... en principe ! Parce que des fois, les condés, ils reculent, ils s'en vont, et on les voit plus pendant des mois. Mais quand même, quand ils reviennent, c'est impressionnant.
Ce que je sais pas, c'est où ils vont quand on les voit plus. Ils viennent forcément d'un autre quartier, mais je sais pas lequel.
Ça me fait un peu penser à vous, m'sieur... Quand vous êtes pas là, vous êtes où ?...

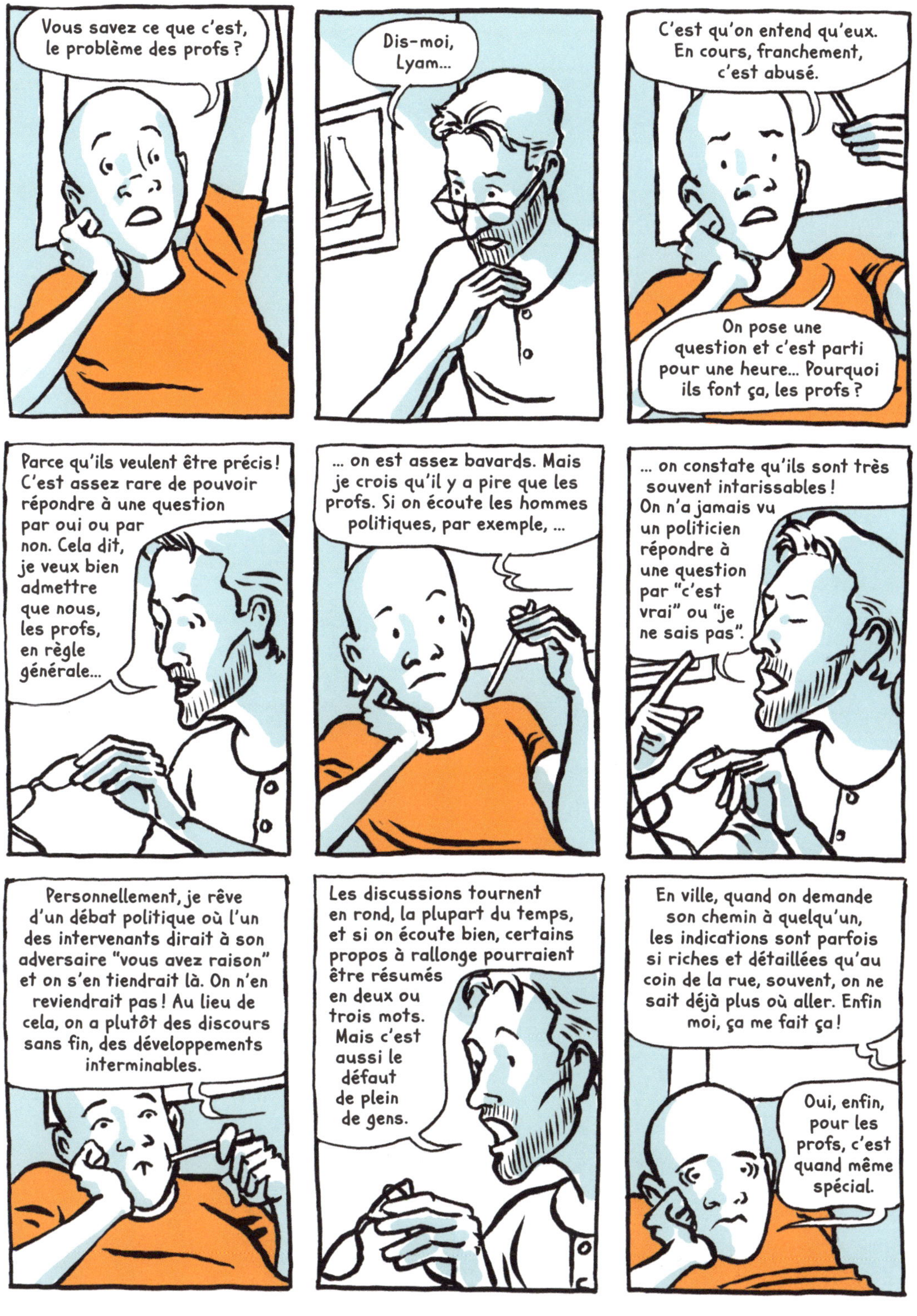
Vous savez ce que c'est, le problème des profs ?
Dis-moi, Lyam...
C'est qu'on entend qu'eux. En cours, franchement, c'est abusé.
On pose une question et c'est parti pour une heure... Pourquoi ils font ça, les profs ?
Parce qu'ils veulent être précis ! C'est assez rare de pouvoir répondre à une question par oui ou par non. Cela dit, je veux bien admettre que nous, les profs, en règle générale...
... on est assez bavards. Mais je crois qu'il y a pire que les profs. Si on écoute les hommes politiques, par exemple, ...
... on constate qu'ils sont très souvent intarissables ! On n'a jamais vu un politicien répondre à une question par "c'est vrai" ou "je ne sais pas".
Personnellement, je rêve d'un débat politique où l'un des intervenants dirait à son adversaire "vous avez raison" et on s'en tiendrait là. On n'en reviendrait pas ! Au lieu de cela, on a plutôt des discours sans fin, des développements interminables.
Les discussions tournent en rond, la plupart du temps, et si on écoute bien, certains propos à rallonge pourraient être résumés en deux ou trois mots. Mais c'est aussi le défaut de plein de gens.
En ville, quand on demande son chemin à quelqu'un, les indications sont parfois si riches et détaillées qu'au coin de la rue, souvent, on ne sait déjà plus où aller. Enfin moi, ça me fait ça !
Oui, enfin, pour les profs, c'est quand même spécial.

SUR LE RÊVE

C'est qui Freud ?
Pas facile à expliquer ! Disons que c'est quelqu'un qui s'est beaucoup intéressé à ce qu'on a dans la tête.
C'est-à-dire ?
Par exemple, Freud dit que nos rêves sont révélateurs de ce qu'on est.
Moi, je sais qui je suis.
Vous voulez dire que, pour Freud, quand on rêve on prend nos désirs pour des réalités ?
Oui, mais pas complètement. Quand on dort, par exemple, notre inconscient se manifeste. Dans un rêve, des désirs s'expriment sans qu'on s'en rende compte. Mais ce n'est pas exactement comme dans la réalité.

C'est marrant ce que vous dites, parce que moi, la nuit...
... Des fois, je fais des rêves sexuels.
Mais, le problème, souvent, c'est que je me réveille au meilleur moment.
Je voudrais bien me rendormir mais j'y arrive pas. Alors, vous voyez, je me lève, je vais pisser...
Je bois un verre d'eau, mais surtout, surtout, je garde un œil fermé.
Pourquoi tu fais ça ?
Ben comme ça, pour revenir dans mon rêve plus facilement.
Ah bon ?
Et ça marche ?
Jamais.

Pour que je puisse venir vous voir sur votre lieu de stage, n'oubliez surtout pas de me communiquer l'adresse précise du chantier sur lequel vous vous trouverez ! Sinon, je risque de vous chercher longtemps.
Le lendemain
CHANTIER
INTERDIT AU PUBLIC
?

PISCINE MUN

???
!!!
PARADIS
Du PLAISIR

!!?
PARADIS
DU PLAISIR

Aucune nouvelle ! Moi, franchement, ça commence à m'inquiéter.
Cette absence est tout de même bizarre... Et je ne vois pas bien ce qu'on peut faire...
Une semaine qu'on ne l'a pas vue, ça n'est jamais arrivé !
Oui, ça ne dure jamais plus de deux ou trois jours d'habitude.
J'ai cru la voir hier, devant le lycée, mais c'était pas elle.
Sans elle, c'est vraiment pas pareil, l'ambiance, au bahut... J'espère qu'elle va être raisonnable et revenir vite.
LA VOILÀ !!!

TRAHISON

Ça y est, m'sieur, votre fille a enfin trouvé un appartement à Montreuil ?
Je me suis toujours demandé si c'était possible... Eh bien, c'est fait : mes élèves lisent mes e-mails ! Ils ont dû trouver mon mot de passe...
Et si ça se trouve, je me suis fait pirater mon compte Facebook et ils se font passer pour moi sur Instagram...
Et s'ils avaient aussi récupéré mon numéro de carte bleue... ? Ils vont vider mon compte !!!
Je ne pensais pas avoir d'ennemis parmi mes élèves...

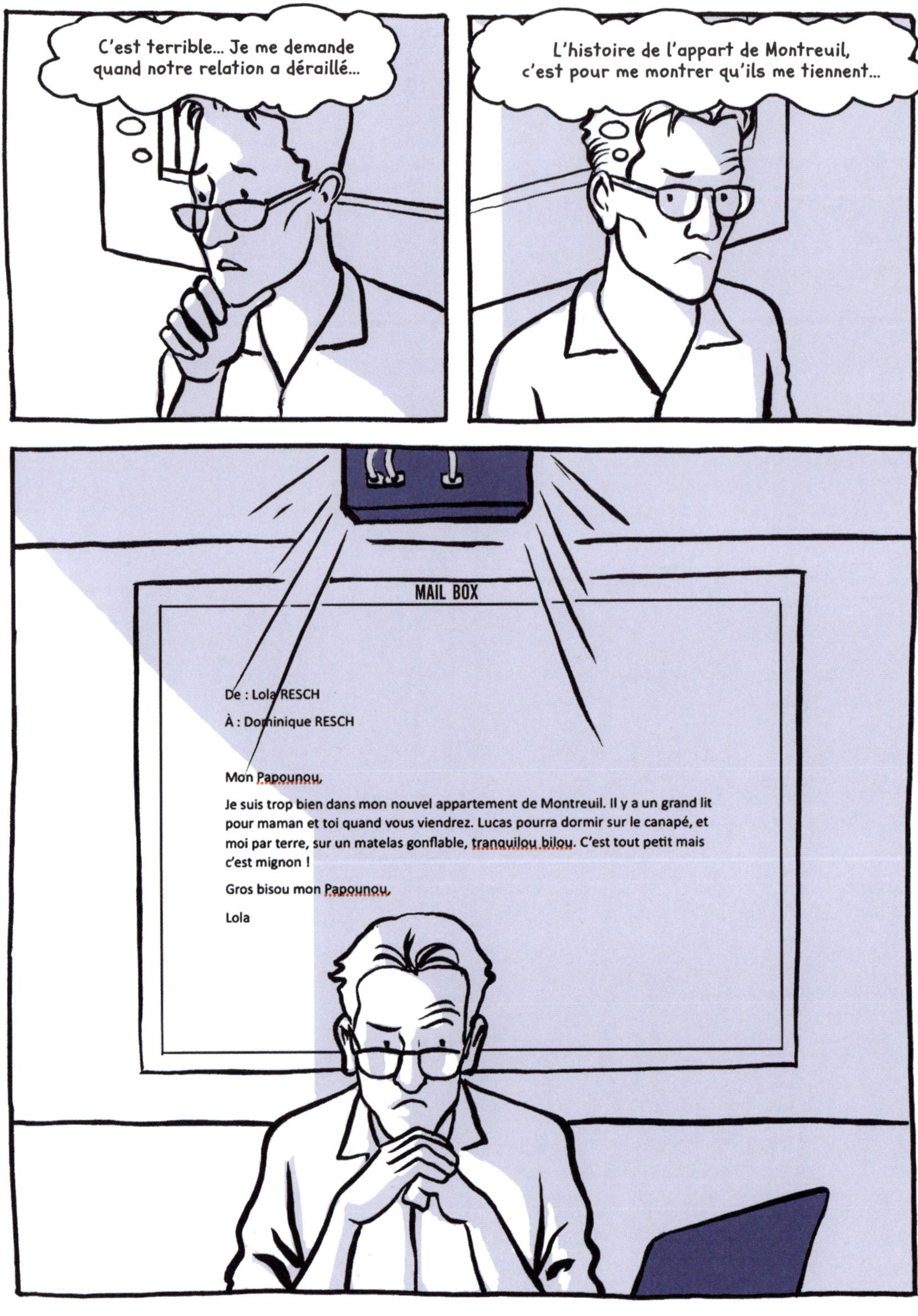
C'est terrible… Je me demande quand notre relation a déraillé…
L'histoire de l'appart de Montreuil, c'est pour me montrer qu'ils me tiennent…
MAIL BOX
De : Lola RESCH
À : Dominique RESCH
Mon Papounou,
Je suis trop bien dans mon nouvel appartement de Montreuil. Il y a un grand lit pour maman et toi quand vous viendrez. Lucas pourra dormir sur le canapé, et moi par terre, sur un matelas gonflable, tranquilou bilou. C'est tout petit mais c'est mignon !
Gros bisou mon Papounou,
Lola

Il est là...
Il est là...
Il est là...
Vous voyez, c'est pas compliqué, le Dieu, il est partout.
Il écoute tout. Il voit tout. Il sait tout.
Je sais pas comment vous expliquer...
Ça m'embête pour vous parce que vous ne comprenez pas.
Enfin, je sais pas. Peut-être qu'avec votre religion on peut quand même aller au paradis...

BESOIN DE CÂLINS

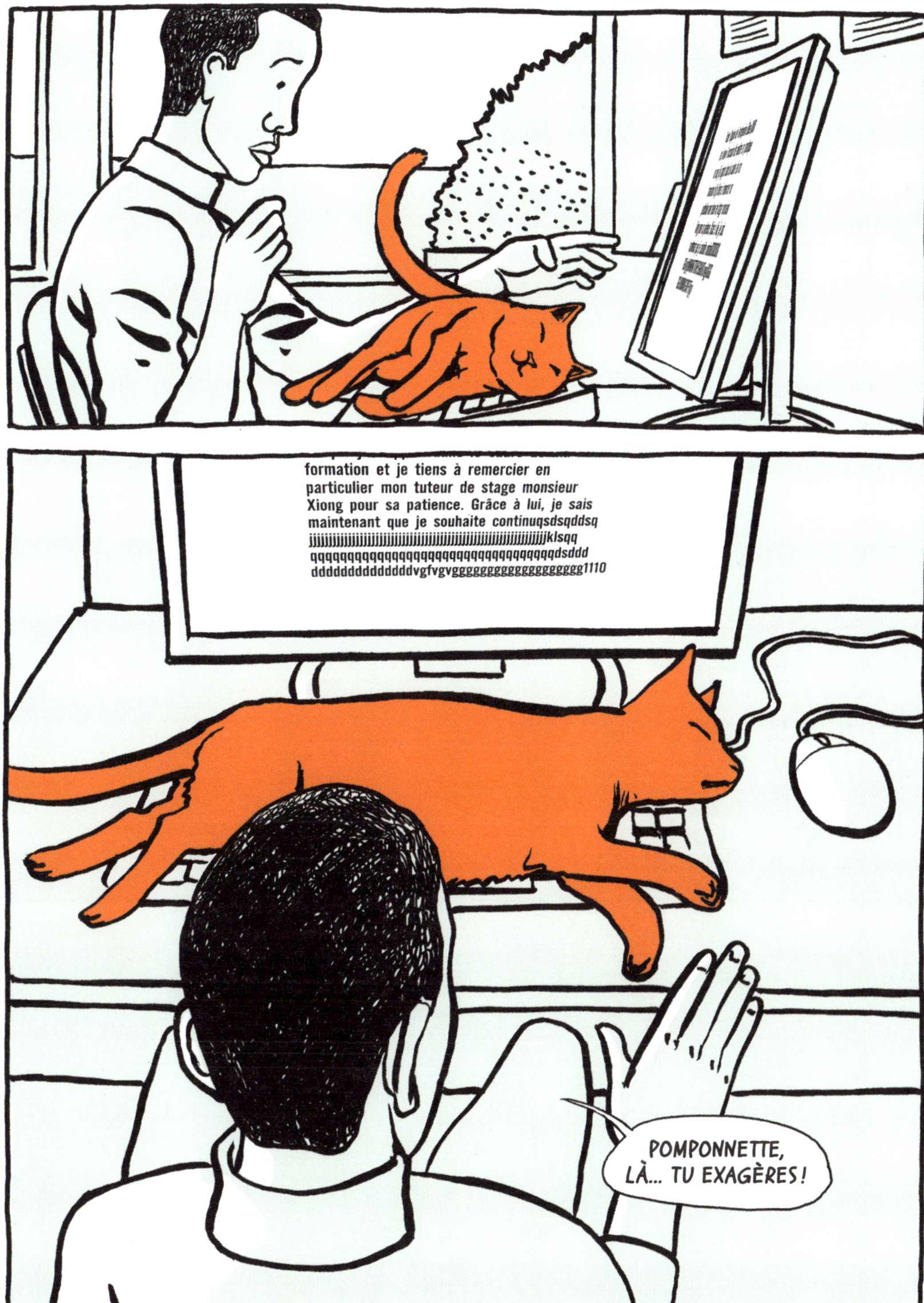
formation et je tiens à remercier en
particulier mon tuteur de stage monsieur
Xiong pour sa patience. Grâce à lui, je sais
maintenant que je souhaite continuqsdsqddsq
jjjjjjjjjjjjjjjjjjjjjjjjjjjjjjjjjjjjjjjjjjjjjjjjjjjjjklsqq
qqqqqqqqqqqqqqqqqqqqqqqqqqqqqqqqqdsddd
ddddddddddddddvgfvgvgggggggggggggggggg1110
POMPONNETTE, LÀ... TU EXAGÈRES !

RÉUNION PARENTS-PROFS III

Tiens, Fatia! C'est la lettre que tu m'as demandée!
Merci m'sieur!
Fais-en bon usage...
OK, m'sieur! Comptez sur moi!
Je peux vous poser une question, m'sieur?
Je t'écoute, Syrina!
C'est quoi la lettre que vous avez donnée à Fatia?
C'est une lettre de recommandation!
C'est quoi?
C'est une lettre dans laquelle j'écris tout le bien que je pense de Fatia... Pour l'aider à démarcher des écoles ou des entreprises, par exemple.
Ah! C'est bien ça! Et vous pouvez m'en faire une, à moi? Parce qu'à mon avis, un jour, je vais en avoir besoin!
Bien sûr! Je vais écrire que tu es très sympathique, toujours très polie, et que tu n'as jamais rien fait dans mes cours!
Le début d'accord, mais la fin... Vous n'allez pas écrire ça, m'sieur, si?
Si tu veux une lettre signée de ma main, je suis obligé de dire la vérité, tu comprends? Parce que je m'engage...
Ah oui d'accord! Mais si je me mets à travailler pour de bon, vous pourriez le dire dans la lettre?
Bien sûr! Le problème, c'est qu'on est le 23 juin...

Ah oui. C'est embêtant. Je n'ai plus beaucoup de temps. Alors ça n'ira pas, pour la lettre...
Mais l'année prochaine, puisque je redouble, vous pourrez me faire une lettre si je travaille bien ?
Bien sûr !
Et si tu travaillais dans toutes les matières, tu te rends compte du nombre de lettres que tu pourrais avoir ?
ALORS ÇA, C'EST VRAI, M'SIEUR !!!
Essaie d'y penser cet été...
Oui m'sieur ! Mais bon, l'année n'est pas finie ! Je peux encore me rattraper, je suis sûre...
Tu veux dire que tu vas te mettre à être sérieuse à partir d'aujourd'hui ? Moi, je veux bien...
Ah non ! C'est vrai... Comme vous avez dit, ça ne sert à rien parce qu'il ne reste plus que deux semaines de cours.
Oui, mais pour l'année prochaine, alors, tu décides quoi ? Tu prends de bonnes résolutions ?
Vous me connaissez, m'sieur. Vous savez que j'ai du mal à travailler moi, hein !
Mais quand même... la lettre, ça fait réfléchir.

Demain, c'est notre sortie aux îles du Frioul !
Le trajet est court depuis le port, surtout en navette, mais ça me donne l'occasion de parler un peu de navigation pendant les quelques minutes qui nous restent avant la sonnerie.
Savez-vous, par exemple, comment avance un voilier ?
Grâce au vent !
Tout à fait Diénaba. Un voilier avance avec le vent… Mais sa particularité est qu'il peut avancer contre le vent ! Quand le vent est presque de face, on dit que le bateau navigue "au près". Mais évidemment quand le vent est pile en face, on est "vent debout", et là, on n'avance plus.
On recule ?
Et savez-vous comment les marins s'orientent en mer ?
Ben, avec leur portable !
Un GPS spécial ?
Oui, Melvil : un GPS. Mais à l'époque où ça n'existait pas, on utilisait un astrolabe…
Et plus tard, à partir du XVIIIe siècle…
UN SEXTANT !
WOUAH, FAITES PASSER LE SEXTOY, M'SIEUR !

Il faut viser l'horizon avec la lunette, puis le soleil ou une étoile, afin de connaître la position du bateau en mer. Je vous montrerai demain.
Cooooooool !
N'oubliez pas vos casquettes, vos lunettes et de la crème solaire !
Le lendemain
On va au château d'If ! Tous les mots sont fins quand la moustache est fine !
C'est pas Cyrano qui a été enfermé là-bas, mais le comte de Monte-Cristo !
C'est pas le même ?

JE SUIS LE ROI DU MONDE !
Ça ne va pas, Dominique ? Tu es malade ?
JUL

UN DIPLÔME SUR LA TABLE

*Obligation de quitter le territoire

Le mercredi suivant

M'sieur, on peut vous prendre en photo ?
Euh... Pourquoi ?
Parce que c'est la fin de l'année. Et comme ça, on aura un souvenir !
Bon, je veux bien, mais avec vous alors !

DU MÊME AUTEUR

Les Poules, Éditions Transbordeurs, 2006.

Pédiluve et bénitier, Éditions Transbordeurs, 2007.

Le Pouce d'un autre, Éditions Anota, 2009.

Mots de tête, Autrement, 2011.

C'est qui Catherine Deneuve ? , Autrement, 2012.

Mes élèves sont formidables, Autrement, 2014.

La Tactique de la craie, Autrement, 2015.

Nos enfants sont des poètes, Autrement, 2016.

Le Monde entier dans ma classe, Autrement, 2017.

Achevé d'imprimer en Août 2023, par l'imprimerie L&C PRINTING Pologne
Dépôt légal : Août 2023
Numéro d'éditeur : MAGSI20220035